CONFÍA EN TI HOY

ANNA
BARNES

TRADUCTORA: SONIA GONZALEZ

V&R
EDITORAS

Título original: *How to be confident*
Dirección editorial: Marcela Luza
Edición: Carolina Genovese
Coordinación de diseño: Marianela Acuña
Diseño: Luci Ward
Armado: Tomás Caramella

Ilustraciones © Shutterstock

ARGENTINA: San Martín 969, piso 10 (C1004AAS), Buenos Aires. Tel./fax: (54-11) 5352-9444 y rotativas
e-mail: editorial@vreditoras.com

MÉXICO: Dakota 274, Colonia Nápoles. CP: 03810, Del. Benito Juárez, Ciudad de México. Tel./fax: (5255) 5220–6620/6621 01800–543–4995
e-mail: editoras@vergarariba.com.mx

ISBN: 978-987-747-366-7

Impreso en China • Printed in China

Enero de 2018

Barnes, Anna
Confía en ti hoy / Anna Barnes. - 1a ed. - Ciudad Autónoma de Buenos Aires: V&R, 2018.
160 p.; 21 x 15 cm.

Traducción de: Sonia Gonzalez.
ISBN 978-987-747-366-7

1. Autoayuda. 2. Superación Personal. I. Gonzalez, Sonia, trad. II. Título.
CDD 158.1

CONTENIDOS

INTRODUCCIÓN

Tener confianza significa sentirte bien y creer en tus habilidades. Es un estado mental que se transmite a los demás a través de tu voz, lenguaje corporal, comportamiento y acciones. La falta de confianza se produce cuando te criticas y dudas de tus habilidades. Esto puede negarte la posibilidad de que desarrolles todo tu potencial. Es importante tener en cuenta que, mientras las personas seguras pueden dudar de sí mismas de vez en cuando, no dejan que los miedos les impidan alcanzar sus metas. Mucha gente no se da cuenta de que la confianza crece con el uso, como un músculo. El pensamiento seguro se puede practicar y, con el tiempo, puede convertirse en un hábito. Estos consejos fáciles de seguir te ayudarán a entender qué factores afectan la confianza y cómo puedes construir tu seguridad para elevar tu autoestima a un nivel saludable.

ENTIENDE
LA CONFIANZA

El primer paso para mejorar tu confianza es entender cómo te afecta la inseguridad y qué situaciones te hacen sentir de esta manera. Es muy raro que alguien se sienta bien en cada área de su vida. Puedes carecer de confianza en el trabajo o entre grandes grupos de personas y, al mismo tiempo, sentir seguridad en otras actividades, como cocinar, practicar algún deporte o manejar tus finanzas.

LLEVA UN DIARIO DE CONFIANZA

NOTE

Date | No

Para tratar de entender por qué tienes problemas con tu autoestima y confianza, una buena idea es que dediques algo de tiempo a averiguar cuáles son los hechos que te hacen sentir inseguridad. También es importante que apuntes cuándo tu confianza está en su punto más alto o más bajo y qué actividad estás realizando en ese momento. Elige un cuaderno que refleje tu personalidad. Mantenlo a tu alcance: al lado de la cama, en la cocina, dondequiera que creas que lo notarás. Si te

Date | preocupa que otras personas lean tus anotaciones, puedes guardarlo en un lugar que sea de fácil acceso para ti, pero que no esté al alcance de los demás. El acto de anotar cómo te sientes y cuáles son tus niveles de confianza día a día no solo te ayudará a reconocer lo que baja tu autoestima, sino que también será liberador. Este diario te recordará que las cosas siempre pueden mejorar.

LUNES
MARTI
MIÉRC
JUE
VIE
SÁ
DO

CONOCE TUS DESENCADENANTES

Cuando lleves un tiempo escribiendo tu diario, es probable que comiences a notar algunas regularidades. Puede ser que haya ciertas situaciones que siempre debiliten tu confianza o, por el contrario, que hablar con amigos, por ejemplo, siempre te haga sentir mayor seguridad. Las personas y las situaciones que causan que tus niveles de confianza decaigan se conocen como "desencadenantes". Una de las cosas más simples que puedes hacer para romper este ciclo de baja confianza es evitarlos. Los amigos que te hacen sentir mal no son verdaderos amigos. Una situación que te hace sentir incomodidad no tiene un efecto positivo en tu vida. Si no puedes evitar completamente los desencadenantes, utiliza los consejos que siguen como un medio para enfrentarlos y cambiarlos gradualmente.

SÉ FIEL A LO QUE ERES.

¿DÓNDE SIENTES MÁS CONFIANZA?

Esta pregunta no solo se refiere a un lugar físico, aunque, para algunas personas, ciertos lugares refuerzan su confianza o hacen que se sientan peor, sino también a las áreas de tu vida en las que sientes que tu confianza se modifica. Alguien puede, por ejemplo, sentir que cuida muy bien a su familia y tener mucha confianza como padre, mientras que carece de seguridad cuando se trata de su trabajo. Si conoces las áreas físicas y emocionales que afectan tu confianza, podrás sentir mayor seguridad. Al principio, puedes evitar las situaciones o los lugares que no te hacen sentir comodidad y confianza, y, más adelante, puedes trabajar en ello a medida que avances con la lectura y pongas en práctica los consejos de este libro, especialmente, aquellos que acentúan la atención plena o mindfulness.

El PODER de tu MENTE

Tus pensamientos afectan la forma en la que te sientes y te comportas. El hábito de pensar negativamente sobre ti puede conducirte a una baja autoestima y falta de confianza. Sin embargo, no tienes que estar pendiente de tus pensamientos. En esta sección, encontrarás consejos sobre cómo recuperar el control de tu vida desafiando tus pensamientos para construir una imagen más positiva de ti.

Al iniciar el camino de la superación personal, puede ser difícil ver cuál será el resultado final. Puedes atascarte en la situación de "qué pasa si", y aquí es donde la visualización puede ayudarte. Siéntate en una silla cómoda, en una posición relajada, cierra los ojos y comienza a concentrarte en tu respiración. No hay necesidad de respirar más lento, solo préstale atención al ritmo de tu respiración natural.

Luego, comienza a construir una imagen en tu mente de cómo te verías y actuarías con una actitud de mayor confianza y seguridad. ¿Dónde estás? ¿Quién está contigo? ¿Cómo te sientes? Observa todos los detalles y disfruta desde tu interior esa magnífica sensación de confianza. En el periodo en el que estés trabajando en fortalecer tu confianza, toma esta imagen mental y mantenla como tu objetivo por lograr.

Visualízate como una persona más confiada

Trata de ser como la tortuga,
a gusto en su propia caparazón.

Bill Copeland

LA TENSIÓN ES LO QUE CREES QUE DEBERÍAS SER.

LA RELAJACIÓN ES LO QUE ERES.

Proverbio chino

Cambia tus pensa- mientos

y cambiarás tu mundo.

Norman Vincent Peale

Limpia completamente
tu sistema de creencias.
Te conviertes en
lo que crees.

Pregúntate: "¿Por qué?"

Una de las maneras clave de desafiar los pensamientos negativos que amenazan tu confianza es preguntarte: "¿Por qué?". Por ejemplo, el típico pensamiento negativo "no soy lo suficientemente capaz" puede hacer que te preocupes por muchos aspectos de tu vida. Tal vez, sientas que no tienes el talento suficiente en tu trabajo, no puedes brindar una buena amistad o no eres un miembro precisamente valioso de una sociedad comercial. Ahora es el momento de preguntarte por qué sientes eso. ¿Puedes encontrar cinco razones reales por las que no lo eres? Es poco probable que puedas. Usa la lógica. Si la única manera de responder a esta simple pregunta es "porque sé que es verdad" o con hechos sin importancia del pasado, puedes comenzar a cambiar esa percepción.

¿SE LO
DIRÍAS A
TUS AMIGOS?

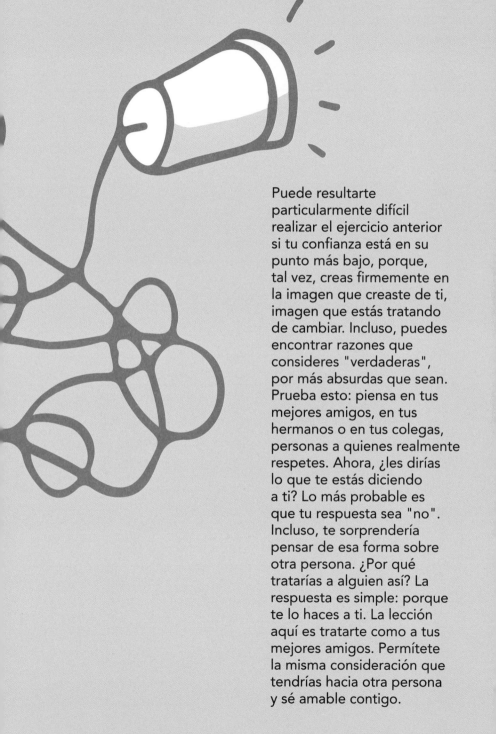

Puede resultarte particularmente difícil realizar el ejercicio anterior si tu confianza está en su punto más bajo, porque, tal vez, creas firmemente en la imagen que creaste de ti, imagen que estás tratando de cambiar. Incluso, puedes encontrar razones que consideres "verdaderas", por más absurdas que sean. Prueba esto: piensa en tus mejores amigos, en tus hermanos o en tus colegas, personas a quienes realmente respetes. Ahora, ¿les dirías lo que te estás diciendo a ti? Lo más probable es que tu respuesta sea "no". Incluso, te sorprendería pensar de esa forma sobre otra persona. ¿Por qué tratarías a alguien así? La respuesta es simple: porque te lo haces a ti. La lección aquí es tratarte como a tus mejores amigos. Permítete la misma consideración que tendrías hacia otra persona y sé amable contigo.

USA MANTRAS

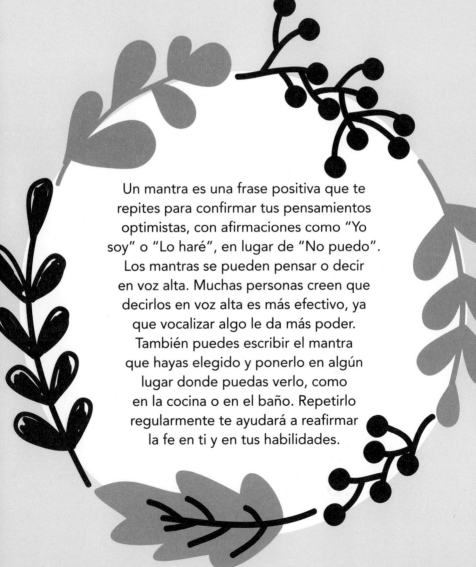

Un mantra es una frase positiva que te repites para confirmar tus pensamientos optimistas, con afirmaciones como "Yo soy" o "Lo haré", en lugar de "No puedo". Los mantras se pueden pensar o decir en voz alta. Muchas personas creen que decirlos en voz alta es más efectivo, ya que vocalizar algo le da más poder. También puedes escribir el mantra que hayas elegido y ponerlo en algún lugar donde puedas verlo, como en la cocina o en el baño. Repetirlo regularmente te ayudará a reafirmar la fe en ti y en tus habilidades.

ES MEJOR QUE ACTÚES CON

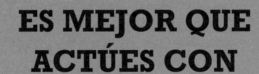

confianza,

SIN IMPORTAR QUE NO LA SIENTAS EN ESE MOMENTO.

Lillian Hellman

ESCRIBE UNA LISTA FELIZ

Concéntrate en lo positivo e intenta hacer una lista de todas las cosas buenas que hay en tu vida. Esto puede parecer difícil al principio, pero siempre puedes pedirles ayuda a tus amigos y familiares. La lista puede incluir temas personales o generales, por ejemplo, "Estoy sano" o "Mi familia es solidaria". Puedes colocarla en un lugar visible para recordar todo lo bueno que te rodea cada vez que empieces a sentir tu negatividad.

No necesitas

El perfeccionismo, el deseo de hacerlo mejor, puede ser algo positivo. Pero esforzarte continuamente por una versión idealizada de la perfección puede impedirte ser feliz con lo que eres y también puede esconderte todas las cosas positivas que ya lograste. Una de las tendencias perfeccionistas más comunes es compararse con los demás. Esto puede tomar la forma de una comparación directa, como "tiene más éxito en su trabajo que yo", o de una comparación general, como

compararte

"me gustaría ser más como esa persona".
De cualquier manera, al ver a los demás
mejores que tú, estás perdiendo el enfoque
de tus propios aspectos positivos.
Al tratar de ser como otras personas,
dejas de trabajar en una mejor versión de
ti. Intenta pensar qué áreas de tu vida
te gustaría mejorar. Trabaja en ellas
sin compararte con otros mientras te
encuentres en el proceso de reconocer
tus fortalezas.

LA PREOCUPACIÓN
APARENTA SER NECESARIA,
PERO NO SIRVE PARA
NINGÚN PROPÓSITO ÚTIL.

Eckhart Tolle

SI TE CENTRAS EN LOS ASPECTOS POSITIVOS DE LA VIDA, LOS NEGATIVOS SE DESVANECERÁN.

ENUMERA DIEZ COSAS QUE TE GUSTAN DE TI

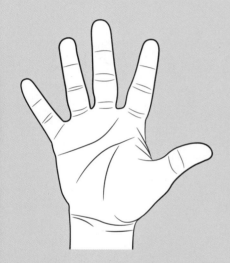
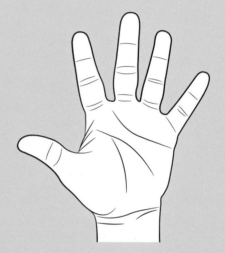

Escribe diez cosas que te gusten de ti. No importa cuán pequeñas o insignificantes te parezcan. Quizá preparas el mejor té o tienes talento para hacer reír a tus amigos. Concentrarte en tus aspectos positivos te ayudará a romper el hábito de menospreciarte. Sigue agregando cosas buenas de ti a la lista y siente como aumenta tu confianza.

LA CONFIANZA CORPORAL

La manera en la que sostienes tu
cuerpo afecta tu estado de ánimo.
Esto se debe a que los músculos
están conectados directamente
a los centros emocionales del
cerebro. Los cambios simples
en tu postura y movimiento pueden
ayudarte a sentir más poder
y control.

ENDERÉZATE

¿Te desplomas en tu silla o tienes los hombros encorvados cuando te paras? Si es así, ¡enderézate! Si mejoras tu postura, parecerás, al instante, una persona positiva y confiada ante los demás. Los estudios muestran que tener una postura erguida también conduce a tener pensamientos más seguros y mejora el estado de ánimo. Abre el pecho y mantén la cabeza en alto; esto te hará ver y sentir confianza y seguridad.

LA POSTURA DEL PODER

Intenta adoptar una postura amplia, con las manos en alto, como si hubieses ganado la lotería o si tu equipo de fútbol acabara de hacer un gol. Si mantienes esta "postura del poder" por dos minutos, la química del cerebro puede mejorar y, en consecuencia, puede mejorar tu estado de ánimo. También, prueba la "pose de Mujer Maravilla", con los pies ligeramente separados y las manos en las caderas. Si bien es posible que no desees hacer esto en la oficina, puedes hacerlo rápidamente en el baño cuando necesites un aumento de confianza instantáneo.

ASIENTE CON LA CABEZA

Cuando asientes con la cabeza, no solo les dices "sí" a otras personas, sino que también le dices "sí" al cerebro. Los investigadores piensan que asentir con la cabeza actúa como una especie de autovaloración, diciéndote que tienes confianza en tus pensamientos. Es importante que sepas que esto funciona tanto con pensamientos positivos como negativos. Si asientes con la cabeza cuando tienes pensamientos negativos, puedes acentuar el sentimiento de desaprobación. Inténtalo cada vez que tengas pensamientos positivos y le darás un impulso extra a tu confianza.

TODO
LO QUE
ESPERAMOS
CON

CONFIANZA

SE CONVIERTE
EN
NUESTRA

PROPIA

PROFECÍA

AUTOCUMPLIDA.

Brian Tracy

Actúa con
Confianza

Actuar con confianza puede
hacerte sentir más seguridad.
Incluso cuando sientas ansiedad,
hay formas inteligentes de
que parezca que tienes mucha
confianza ante los demás. Los
siguientes consejos te ayudarán
a adoptar las cualidades
de una persona tranquila
y segura de sí misma.

Dilo como si lo sintieras

El tono de voz que adoptas cuando hablas revela cómo te sientes. Si usas un tono agudo, si tienes una voz quebrada, si hablas demasiado rápido o si tu voz es muy baja, demuestras que sientes nervios y lo más probable es que no te tomen en serio. En cambio, un tono de voz más profundo, más lento y más uniforme transmite tranquilidad, confianza y demuestra que sabes de lo que estás hablando. Esto es particularmente útil cuando hablas en público, por ejemplo, en una presentación en el trabajo.

PRUEBA EL CONTACTO VISUAL

Las personas que mantienen
un contacto visual firme se
consideran más confiables
y seguras de sí mismas. Sin
embargo, conectarte con
la mirada de alguien puede
incomodarte si eres una
persona tímida. Si tienes
dificultades para mirar a la
gente a los ojos, trata de fijar
tu mirada entre los ojos de la
otra persona. No podrá decirte
que no lo estás mirando, y
darás la impresión de ser
confiable y agradable. ¡Solo
asegúrate de desviar la vista
brevemente cada siete o diez
segundos para evitar tener
una mirada intimidante!

IMITA A ALGUIEN

Una forma de mejorar tu confianza es imitar los hábitos de las personas que creen en sí mismas. Encuentra a alguien que sea un modelo para seguir y que demuestre seguridad en el área en la que te gustaría tener más confianza ya sea dando una presentación en el trabajo o teniendo citas, y repite sus comportamientos, actitudes y hábitos. Si tienes la oportunidad de hablarle, puedes preguntarle sobre su actitud y sus procesos de pensamiento. Si la persona es una figura conocida, también puedes aprender de ella si lees sus libros y biografías o si ves sus programas de televisión, películas y entrevistas.

CON CONFIANZA, HAS GANADO ANTES DE HABER COMENZADO.

Marcus Garvey

IMAGINA QUE TIENES CONFIANZA

Imagina con muchos detalles cómo sería tu vida si tuvieras la seguridad que necesitas en este momento. ¿Cómo sería tu postura? ¿Cómo te moverías? ¿Cómo sonaría tu voz? ¿Qué te dirías? ¿Qué te imaginas en tu mente? Una vez que tengas una imagen clara, piensa que eres esa persona. Ponte en sus zapatos y ve el mundo a través de sus ojos. Si haces esto a menudo, olvidarás que estás actuando y la confianza se convertirá en un hábito.

Primero descubre lo que quieres ser

y luego haz lo que tengas que hacer.

Epicteto

¿Por qué no vivir una

vida?

EXPRÉSATE

Si la confianza es tu punto vulnerable, decir "sí" a todo y ceder ante los deseos de los demás puede parecer la opción más fácil, incluso, si realmente no te agrada la situación. Aunque te parezca que esta es la opción más simple, ceder siempre afecta negativamente tu confianza, ya que es una forma de decirte que los deseos de los demás son más importantes que los tuyos. Expresar tu opinión de manera firme no tiene que significar hacerlo con agresividad. Lo principal es que te des cuenta de que tus propias necesidades son tan importantes como las de las otras personas.

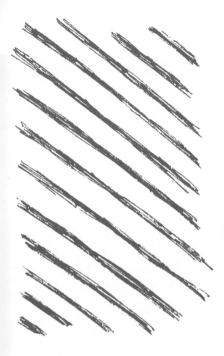

PRUEBA ESTOS SIMPLES ESCENARIOS:

En el trabajo, te piden que tomes un nuevo proyecto cuando ya tienes demasiado y sabes que no podrás terminarlo según el estándar necesario. En lugar de tomarlo porque crees que es lo correcto, puedes explicarle la situación a tu jefe para que juntos encuentren una solución.

Tus amigos te piden que salgas y te aseguran que lo disfrutarás. Sabes que lo que realmente quieres hoy es quedarte en casa y ver una película. En lugar de salir para complacerlos, puedes decirles que no estás de humor y que pronto arreglarán otra salida. Seguramente, lo entenderán y apreciarán tu honestidad.

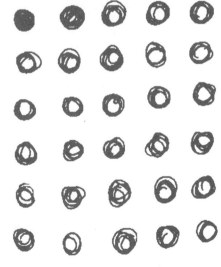

USA TU PERFUME FAVORITO

El perfume no solo te hace oler bien, sino que también ha sido demostrado que aumenta tu confianza. Cuando hueles bien, tienes seguridad y sientes que atraes a otras personas. Encuentra un aroma que refleje tu personalidad, algo que te haga sentir bien en el instante en el que te lo pones. Puedes elegir entre cuatro grupos de fragancias: florales y frutadas, frescas y cítricas, amaderadas y almizcladas, picantes y orientales. También, puedes usar jabones perfumados, geles de ducha y lociones para el cuerpo para complementar la fragancia de tu perfume favorito.

Sueña nobles sueños,
porque en lo que sueñas
te convertirás.

James Allen

MANTÉN

la calma EN

CADA

SITUACIÓN

PORQUE

la paz

ES IGUAL AL

PODER.

Joyce Meyer

PRUEBA UN AMULETO

¿Tienes un amuleto de la buena suerte, como un anillo, un colgante o una camiseta de "la suerte"? Si lo tienes, ponlo en uso. Las investigaciones muestran que tener amuletos para la buena suerte puede mejorar el rendimiento y las posibilidades de éxito, no porque atraigan más suerte, sino por la sensación de seguridad que transmiten. Incluso los gestos de buena suerte, como cruzar los dedos, pueden aumentar tu rendimiento en un examen o en un evento deportivo.

El optimismo es la
fe que nos dirige
hacia el éxito.

No se
puede hacer
nada sin
esperanza
ni confianza.

Helen Keller

Planifica

y *logra*
tus *metas*

Puede resultarte abrumador estar al tanto de todo lo que hay que hacer en el trabajo y en el hogar. Recupera el control planificando y organizando tus tareas. Establece metas y trabaja en ellas. Esta sensación de logro puede hacer maravillas en tu autoestima.

PREPÁRATE PARA EL DÍA SIGUIENTE

La presión de plazos, reuniones, llamadas telefónicas y largas horas de trabajo puede acumularse, hacer que dudemos de nuestra capacidad para manejar varias tareas y alterar nuestros niveles de confianza. Es probable que esto interfiera en una vida laboral agradable y efectiva. Incluso, puede tener un impacto negativo en otros aspectos de tu vida. Una forma simple de reducir este sentimiento de presión es planificar y prepararte para tu jornada laboral. Prepara el almuerzo la noche anterior para que no debas pensar en ello a la mañana siguiente. Revisa el estado del transporte para asegurarte de que te enteres con tiempo si hay algún retraso. También puedes hacer una lista de las tareas que deseas completar en la oficina de modo que, cuando llegues a tu lugar de trabajo, tu día ya esté planificado. Adquirir estos hábitos puede brindarte más confianza en tu vida laboral.

CREE

EN

TI.

EMPIEZA POR HACER LO

necesario,

LUEGO HAZ LO

posible

Y, DE PRONTO, ESTARÁS...
LOGRANDO LO

imposible.

San Francisco de Asís

REALIZA UNA LISTA DE "TAREAS POR HACER"

Si no tienes seguridad acerca de tus habilidades para organizarte día a día, por simple que parezca, una lista de tareas pendientes, tal vez, sea lo mejor que puedas probar. A veces, parece que hay mucho para hacer y muy pocas horas en el día. Esto puede ser cierto, pero organizarte te ayudará a confiar en tu capacidad de priorizar tareas y hacerlas a tiempo. Un simple bloc de notas será suficiente o, incluso, podrías invertir en un cuaderno ilustrado para escribir tus listas. Si realizar esta simple tarea te resulta útil, entonces, se convertirá en un hábito en ti. Las listas de tareas pendientes pueden ser tan simples o tan detalladas como desees, lo principal es que funcionen bien para ti. Pruébalo y disfrutarás marcando cada tarea que completas como una prueba de tus logros.

1. Comprar leche

2. ...

Los grandes sueños, a menudo,

tienen
pequeños
comienzos.

No hay
azar,
destino, ni
suerte que
pueda con
la firme
resolución
de un
alma
decidida.

Ella Wheeler Wilcox

SIENTE COMODIDAD EN LA INCOMODIDAD

La vida puede hacer que sientas incomodidad, pero esto no tiene que ser un impedimento para que alcances tus metas. Lamentablemente, la mayoría de nosotros evitamos las molestias. A veces, estamos dentro de pequeñas y familiares zonas de confort que limitan lo que hacemos en nuestras vidas. Sin embargo, cuando regularmente tomas riesgos, tu zona de confort se expande. Si das pequeños pasos hacia tus objetivos, podrás expandir tu zona de confort y sentir más seguridad. Recuerda: sentir incomodidad suele ser una buena señal porque significa que estás moviéndote hacia adelante y explorando un nuevo territorio. ¡Te abres a nuevas personas, lugares, experiencias y a nuevas aventuras en tu vida!

EL FRACASO
NO EXISTE

Es posible que, a veces, las cosas
no se den en la forma o en el
tiempo que desees, aunque te
propongas objetivos y metas
realistas. La vida puede ponerte
algo inesperado en tu camino que
te impida lograr lo que quieres
cuando lo quieres. Esto no es
un fracaso. Sentir que has fallado
puede conducirte a un estado
de desánimo y, a menudo, esto
ocurre si las cosas no han salido de
acuerdo con el plan. Sin embargo,
lo mejor que puedes hacer es
aprender de lo que sucedió y
volver a intentarlo. Mientras sigas
intentándolo, estarás trabajando
para alcanzar tus objetivos a largo
plazo y nunca habrás fracasado.

No importa lo que haya sucedido en el pasado, siempre puedes dar un nuevo paso hacia un futuro lleno de esperanza.

USA TU IMAGINACIÓN

El cerebro y el cuerpo no pueden distinguir algo que imaginas con toda claridad de algo que es real. Por eso, se te hace agua la boca cuando te imaginas probando un trozo de pastel de chocolate. Puedes utilizar esto para tu beneficio si te da nervios hacer algo por primera vez, como dar un discurso, por ejemplo. Al cerrar los ojos e imaginarte varias veces triunfando, estarás creando rutas neuronales en el cerebro que te programarán para que te desempeñes con confianza la próxima vez que pronuncies un discurso en la vida real. Para que esto sea efectivo, debes imaginar tu película mental repetidamente, involucrando todos tus sentidos, para que la escena sea lo más vívida y realista posible. Imagina tu entorno, escucha el sonido de tu voz, mira cómo la audiencia responde con entusiasmo y siente la emoción y la confianza dentro de ti.

TRÁTATE BIEN,

Nuestro ritmo de vida agitado hace que nos olvidemos de ser amables y cariñosos con nosotros mismos. Tratarte como si trataras a tus mejores amigos te dará un brillo interno y externo.

SIÉNTETE BIEN

TU *momento* DEL *baño* ES SAGRADO

Un baño de inmersión puede hacer maravillas. Además de limpiarte, un baño caliente con burbujas o aceites te ayudará a relajar los músculos tensos y preparará tu cuerpo para dormir. Recuerda que descansar bien aumenta los niveles de confianza. Aprovecha al máximo tu baño. Invierte en algunos productos que te hagan sentir bien, enciende algunas velas y, también, puedes leer un libro mientras te relajas.

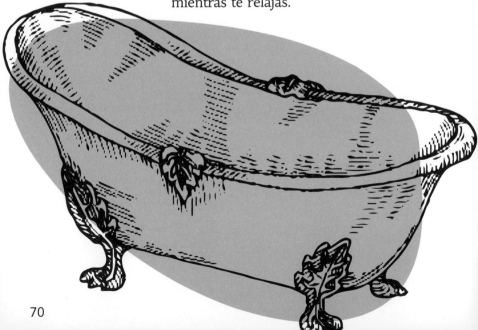

Tómate el tiempo para relajarte
realmente en el agua y utilizar tu
jabón favorito para "limpiar" el
día. Este tratamiento te hará sentir
en armonía y te ayudará a estar
mejor física y emocionalmente.
Si no tienes tina o si es un día
muy caluroso, una ducha de
lujo puede brindarte los mismos
beneficios. El agua en la piel
puede vigorizarte y renovarte.
Además, usar tu gel de ducha
o exfoliante favorito y disfrutar
el aroma sobre la piel puede
darle un verdadero impulso a
tu confianza.

DUERME BIEN, SIÉNTETE BIEN

Puede resultarte difícil encontrar motivación cuando sientes que no duermes lo suficiente. Muchos aspectos de nuestras vidas pueden quedar relegados y esto nos hace dudar de nuestras habilidades. Dormir bien mejora la concentración y nos hace sentir más tranquilidad y confianza. Así que ¿por qué no darle un giro a la rutina antes de ir a la cama y ver qué ventajas tiene?

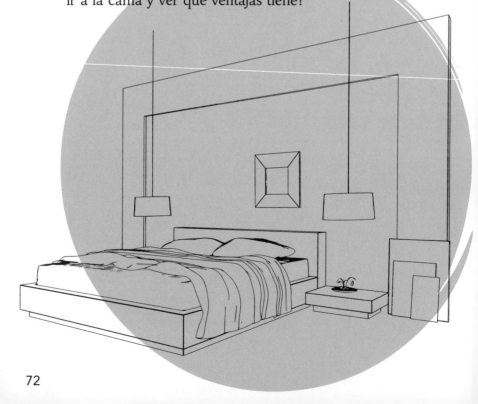

Convierte tu habitación en un santuario. Los expertos dicen que nuestra cama debe ser solo para dormir y tener relaciones sexuales. Mantener la cama como zona libre de estrés ayudará a tu cuerpo y mente a identificarla como un lugar de descanso, relajación, disfrute y sueño. Para lograr esto, es una buena idea liberar tu cuarto de computadoras, televisores y cualquier otro objeto que te incite a ver videos o revisar tus correos electrónicos. Trata de que tu habitación sea ordenada y agradable, un ambiente seguro, tu lugar especial. Intenta resolver temas administrativos en otra habitación y mantener discusiones importantes fuera de ella. Pronto dormirás mejor y mejorarás tu salud.

SÉ EL CENTRO
DE CALMA
DE UNA VIDA
VERTIGINOSA.

Leo Babauta

RELAJACIÓN
PROGRESIVA

Al igual que la meditación y el yoga, la relajación progresiva es una excelente ayuda para el sueño. A menudo, ocurre que, cuando nos invade el desánimo y nuestra confianza disminuye, nos desvelamos por la noche y no podemos relajarnos. El siguiente ejercicio te ayudará a relajarte realizando pequeños pasos a la vez. Comienza con los pies y sube por tu cuerpo. Concéntrate en una parte del cuerpo a la vez. Detente un momento en cada una y contráela lo más fuerte que puedas antes de soltarla. Siente la relajación física que viene con esta liberación. A algunas personas les resulta útil usar una ayuda verbal, por ejemplo, al decir o pensar: "Estoy relajando los pies, los pies ahora están completamente relajados". Puedes repetir este ejercicio para cada parte del cuerpo.

Invierte un poco de tiempo en ti

Es muy fácil creer que debes pasar todo tu tiempo haciendo cosas "útiles" o estar allí para otras personas. Esto no siempre es cierto. Tratar de estar todo el tiempo para los demás, sin darte el espacio para disfrutar de tu propia compañía, te agotará y permitirá que la negatividad ingrese. Para aumentar tu energía positiva, intenta tomarte una noche libre. Deléitate con tu comida favorita, mira una película o serie que te guste, elige un libro que desees leer y, lo que es más importante, desconéctate del resto del mundo. Tal vez, también quieras consentirte un poco dándoles a los pies un descanso en agua tibia o darte un baño extralargo. Es muy probable que tengas más confianza al recargar tus baterías.

Sé siempre una versión de **primera clase** de tu propia persona, en lugar de una versión de segunda clase de alguien más.

Judy Garland

Aprecia los elogios

Recibir elogios genuinos y sinceros puede aumentar nuestra autoestima. Así que tómalos en cuenta. Agradécele a la persona que te ha felicitado y tómate un momento para interiorizar realmente lo que te acaba de decir. De la misma manera, disfruta cualquier halago que provenga de tu familia, amigos o compañeros de trabajo. Guarda correos electrónicos, tarjetas y mensajes de cortesía, y archiva tus mejores evaluaciones de rendimiento en el trabajo. Puedes leer estas palabras de elogio cada vez que necesites un rápido impulso de confianza.

Un solo pensamiento **positivo** a la **mañana** puede cambiar todo tu día.

Tomo dos
tazas de
confianza
en el
desayuno
cada
mañana.

Eric Bristow

Relaciónate con personas positivas

¡Las caras felices y sonrientes son siempre contagiosas! Pasar tiempo con personas positivas y solidarias te contagiará de alegría y te dará un estado mental positivo. Los amigos pueden fortalecer y mejorar tu confianza y autoestima. Ellos nos apoyan en nuestros esfuerzos para alcanzar las metas. Celebran nuestros éxitos y secan nuestras lágrimas cuando las cosas no salen de acuerdo con lo planeado. Pueden ser una caja de resonancia para nuestras ideas y proporcionar una valiosa segunda opinión. Lamentablemente, no todos los amigos son comprensivos. Si las personas con las que te relacionas tienden a agotarte o te desaniman mucho, ¡probablemente sea hora de buscar nuevos amigos!

Aprende algo nuevo

Ya sea tomando clases de manejo, aprendiendo un nuevo idioma o descubriendo un nuevo pasatiempo, probar algo nuevo puede conducir a una mayor autoestima. Es cierto que se necesita coraje para volver a ser principiante y adquirir nuevas habilidades, pero sentirás la satisfacción de aventurarte fuera de tu zona de confort y hacer algo nuevo. ¿Hay algún instrumento que siempre quisiste tocar o un deporte que te gustaría probar? O, tal vez, prefieres aprender algo práctico, como cocina o jardinería. Los estudios muestran que las personas que continúan aprendiendo cosas nuevas a lo largo de sus vidas son más optimistas y tienen una mayor autoestima. Además, asistir a una clase es una excelente forma de conocer gente y mejorar tu vida social.

Lo más hermoso que puedes llevar puesto es tu confianza.

Blake Lively

Luce bien, siéntete bien

Sentirte bien con tu apariencia va más allá de lo superficial. Estar a gusto con lo que ves en el espejo cada día puede ayudarte a sentir más seguridad y tendrá un efecto positivo en tu estado de ánimo y tu confianza.

A menudo, descubro que es solo la confianza lo que te hace ver sexy, no cómo luce tu cuerpo.

Queen Latifah

Ten un buen día con el cabello

Cuidar el cabello es
una excelente forma de
mejorar la manera en
la que te sientes con
respecto a tu cuerpo.
Asegúrate de lavar y
acondicionar la cabellera
con la frecuencia que
necesites, con productos
diseñados para tu
tipo de cabello, por
ejemplo, cabello seco,
graso, con coloración
o rizado. Cada persona
necesita diferentes
tipos de cuidado. Si
sientes ganas de probar
algo distinto, ¿por qué
no inviertes en una
mascarilla capilar para
mimarte o pruebas
un nuevo corte de pelo
o color para mostrarte
diferente o con más
seguridad? Sé audaz,
muestra tu estilo
personal y siente tu
energía positiva.

ENCUENTRA TU MEJOR VERSIÓN.

Vístete para impresionar

¿Tu guardarropa no tiene lo que necesitas? Este puede ser el momento de renovarlo con ropa que te guste y te haga sentir bien. La manera en la que te vistes afecta la forma en la que te sientes, desde los colores que eliges hasta cómo se adapta la ropa a tu cuerpo. Un viejo proverbio dice: "Vístete para el trabajo que quieres, no para el que tienes". Por eso, es importante que tu ropa te haga lucir bien y refleje tu personalidad. Asegúrate de que, cuando te mires al espejo, lo que luzcas te haga pensar: "Sí, me veo bien hoy", en lugar de "¿Qué estoy usando?" o "Es lo que hay". Verte bien con la ropa que llevas te hará sentir más comodidad y aumentará tus niveles de confianza, tanto en tu lugar de trabajo como en tu ámbito social.

El estilo es cualquier cosa que quieras hacer, si puedes hacerla con confianza.

George Clinton

Amplía el espacio en tu guardarropa

Usar ropa que no te queda bien, o que es incómoda, puede hacer que desees perderte entre la gente. Intenta deshacerte de tus ropas más antiguas o las que sientas que ya no te favorecen. Además, ordenar tiene un efecto calmante que puede ayudar a bajar los niveles de estrés y dejar tus emociones más equilibradas. Asegúrate de conservar la ropa que más te guste y realce tu cuerpo. La que no uses puede servir para otros. Intenta venderla por internet, en una feria, o llevarla a un lugar de caridad cercano y donarla. Le darás un impulso adicional a tu autoestima al saber que tus artículos han ayudado en una buena causa.

Viejo por nuevo

Una vez que hayas limpiado tu armario y que tu guardarropa básico se ajuste a las cosas que realmente te quedan bien, es hora de reemplazar lo viejo por algo nuevo. La renovación de tu vestuario tiene múltiples beneficios para tu autoestima. Es probable que te sientas mejor con la forma en la que te ves y podrás hacer lo más conveniente para tu tipo de cuerpo, sea lo que fuere. Elige ropa nueva que refleje tu personalidad y que sea adecuada para tu estilo de vida y tu carrera profesional. Recuerda que algo nuevo para ti no tiene que significar, necesariamente, que sea nuevo. Intenta buscar liquidaciones en tiendas, ferias y sitios web. Tener un armario del cual sentir orgullo no requiere mucho dinero y puede ser muy divertido.

Colorea
Felicidad

Además de elegir los estilos y
cortes correctos, tu nuevo armario
debe estar lleno de colores que se
adapten a tu tono de piel y levanten
tu estado de ánimo. Se dice que el
amarillo te hace sentir más feliz,
que el azul te calma y que el rojo
es un color de poder. Si te gusta
lo monocromo, puedes agregar
estos colores con accesorios, como
una bufanda de colores brillantes,
o con tu maquillaje, si usas.

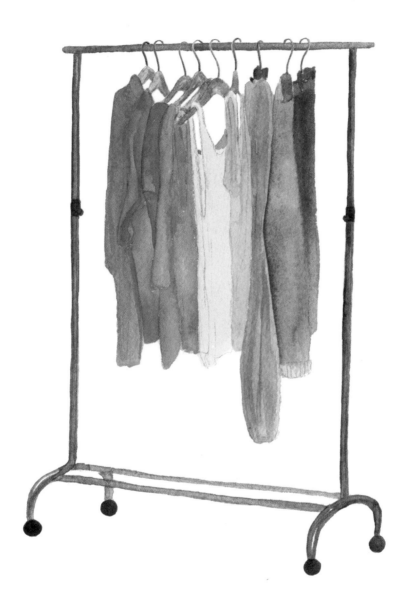

NACISTE PARA SER ALGUIEN

REAL,

NO
ALGUIEN
perfecto.

Sé valiente.

Toma riesgos.

NADA PUEDE SUSTITUIR LA

experiencia.

Paulo Coelho

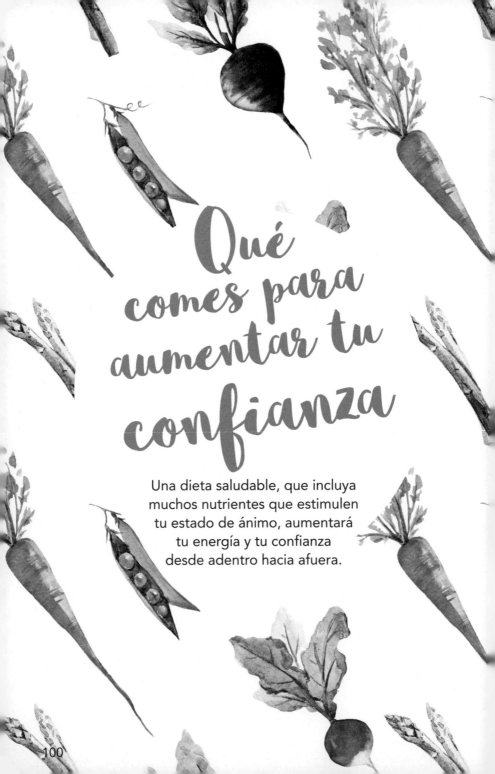

Qué comes para aumentar tu confianza

Una dieta saludable, que incluya muchos nutrientes que estimulen tu estado de ánimo, aumentará tu energía y tu confianza desde adentro hacia afuera.

LLEVA UNA DIETA BALANCEADA

Antes de analizar los nutrientes específicos que pueden ser beneficiosos para la confianza, es importante que te asegures de tener una dieta balanceada. Come la cantidad correcta de calorías para tu edad, estatura y sexo, y trata de ingerir suficientes frutas y verduras ricas en proteínas, fibras y vitaminas. También es importante que evites comer demasiados alimentos refinados. Llevar una dieta balanceada te dará una buena base para tu salud y tu bienestar general. Además, tu digestión será mejor y te sentirás más saludable.

HIDRÁTATE

Además de ser esencial para una buena salud, la hidratación es buena para tu autoestima, ya que ayuda a la piel y al cabello a lucir mejor y, en consecuencia, a que sientas más confianza en tu cuerpo. El agua también interviene en la limpieza de tu sistema digestivo: mantiene los intestinos en funcionamiento y reduce la sensación de hinchazón o pesadez. Generalmente, se recomienda beber dos litros de agua por día para una salud óptima.

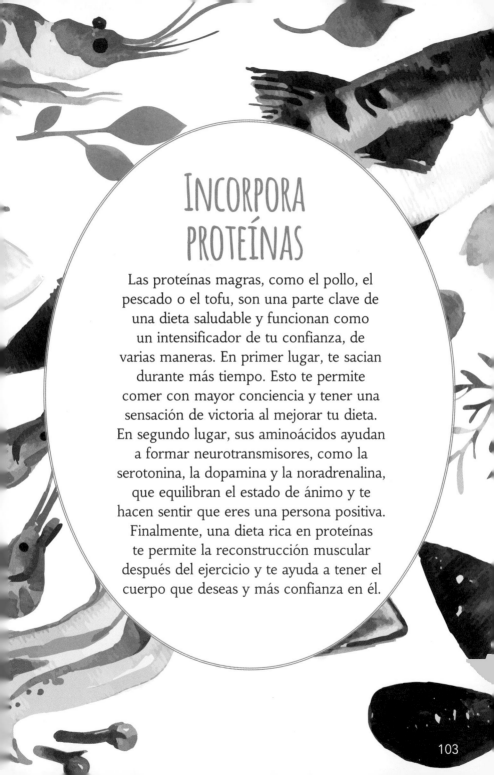

Incorpora proteínas

Las proteínas magras, como el pollo, el pescado o el tofu, son una parte clave de una dieta saludable y funcionan como un intensificador de tu confianza, de varias maneras. En primer lugar, te sacian durante más tiempo. Esto te permite comer con mayor conciencia y tener una sensación de victoria al mejorar tu dieta. En segundo lugar, sus aminoácidos ayudan a formar neurotransmisores, como la serotonina, la dopamina y la noradrenalina, que equilibran el estado de ánimo y te hacen sentir que eres una persona positiva. Finalmente, una dieta rica en proteínas te permite la reconstrucción muscular después del ejercicio y te ayuda a tener el cuerpo que deseas y más confianza en él.

lo mejor está por venir.

Libérate del juicio
personal: acéptate
como eres.

Aprende sobre

Cuando se trata de comer
saludablemente, puede ser fácil ver la
grasa como nuestra enemiga. Muchos
productos "saludables" se comercializan
como bajos en grasa o sin grasa, y
nos hacen creer que consumir grasa
engorda. Esto no es totalmente cierto.
Las grasas son una parte importante
de la dieta. Son clave en la producción de
neurotransmisores por los aminoácidos
que contienen.

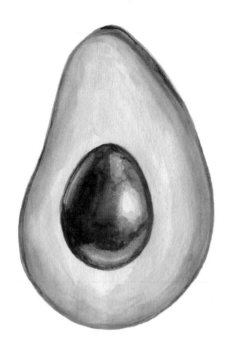

LAS GRASAS BUENAS

Además, las grasas insaturadas son importantes para mantener la piel y el cabello sanos, lo que, a su vez, te hará sentir más seguridad en ti. Si consigues el equilibrio correcto y comes grasas monoinsaturadas y poliinsaturadas, comenzarás a sentir los beneficios. Puedes encontrar estas grasas saludables en los aguacates, en el aceite de oliva y en las semillas.

REDUCE LA CAFEÍNA

Es conveniente que evites la cafeína y otros estimulantes similares. Muchos de nosotros confiamos en esa primera taza de café por la mañana para despertarnos o en una taza de té al mediodía para continuar. Pero estas bebidas con cafeína, junto con la cola y los alimentos que la contienen, como el chocolate, por ejemplo, podrían estar teniendo un efecto adverso en tu confianza al aumentar los niveles de estrés. Beber una bebida con cafeína puede hacernos sentir más alerta porque induce las primeras etapas del estrés, y esto aumenta la producción de cortisol. Sin embargo, consumir grandes cantidades de cafeína puede causar la fase de agotamiento del estrés y provocar ansiedad, lo que puede tener un impacto muy negativo en los niveles de confianza. Además, la cafeína puede ser muy adictiva y dejar de ingerirla de repente puede causar síntomas de abstinencia y hacer que te sientas mal física y emocionalmente. Y esto no es bueno para tu confianza. Intenta reducir el consumo de cafeína lentamente a no más de 300 mg al día. Es el equivalente a tres tazas de café o cuatro tazas de té. Diviértete experimentando con la enorme variedad de infusiones, cafés y tés descafeinados disponibles en el mercado. Los tés de ginseng, jengibre y limón son fantásticos para aumentar la energía. Pronto notarás la mejoría en tu estado de ánimo para realizar todas tus actividades diarias.

NATURALMENTE DULCE

Tener una baja autoestima puede llevarnos a tomar malas elecciones con los alimentos, especialmente, si tratamos de encontrar consuelo en ellos. Los alimentos dulces ofrecen el impulso rápido de energía que puedes estar necesitando, pero es a corto plazo. Tentarse con ellos puede tener un efecto muy negativo, tanto física como emocionalmente. El inevitable aumento de peso hará que te sientas infeliz con tu cuerpo y que pienses que "te han ganado" ciertos alimentos. Esto te acercará a una posible crisis de estrés, que puede empujarte a ingerir nuevamente alimentos azucarados, y así formarás un círculo vicioso. Sin embargo, es más probable que tengamos estrés debido a las cuentas que tenemos que pagar o a las reuniones que tenemos que concertar. Por lo tanto, comer algo rico en azúcar y poco saludable no nos será de utilidad. Intenta satisfacer tus ganas de algo dulce comiendo alimentos naturales, como bayas, batatas, zanahorias y coco.

Apunta a la luna. Si fallas, le darás a una estrella.

W. Clement Stone

TOMA IMPULSO CON LAS VITAMINAS B

Las vitaminas del grupo B son particularmente importantes para mantener un estado de ánimo equilibrado. Entre otras de sus funciones, están involucradas en el control del triptófano, fundamental para la creación de serotonina. La vitamina B6 es imprescindible en la producción de ácido gamma-aminobutírico (GABA), que ayuda a aumentar el estado de ánimo de manera similar a la serotonina. La falta de estos neurotransmisores esenciales puede conducir a un estado de ánimo bajo, lo que, a su vez, puede traer problemas psicológicos muy serios. Las vitaminas principales a las que debes prestarles atención son B1, B3, B5, B6, B9 y B12. Todas se pueden encontrar en una dieta equilibrada. Consulta a tu médico para que evalúe si es necesario que incorpores un suplemento de esta vitamina a tu dieta y, así, puedas disfrutar de una excelente salud y un buen estado de ánimo.

Cálmate con calcio

El calcio tiene un efecto relajante muy importante para mantener un estado de ánimo equilibrado. Es muy bueno consumirlo junto con la vitamina D, que también ayuda a mejorar el estado de ánimo. El calcio se encuentra tanto en los alimentos lácteos, las lentejas, los frijoles y las nueces de Brasil como en las verduras de hojas verdes, tales como la col rizada y el brócoli, y en una amplia variedad de otros vegetales. Los cereales fortificados para el desayuno y las alternativas con soja también proporcionan una buena fuente de calcio. Incluso, puedes encontrarlo en el agua del grifo, especialmente, en áreas de aguas duras, que presentan gran cantidad de minerales.

UNA VEZ QUE
LA CREENCIA
SE CONVIERTE
EN UNA
PROFUNDA
CONVICCIÓN,
LAS COSAS
COMIENZAN
A SUCEDER.

CONTROLA TU INGESTA DE ALCOHOL

Muchas personas buscan una bebida para poder relajarse cuando se sienten desanimadas, por ejemplo, después de un día duro en el trabajo, o cuando carecen de confianza en una situación social. El alcohol tiene un efecto calmante instantáneo, pero es de corta duración por sus cualidades depresivas. Luego, sentirás la ansiedad que queda en el cuerpo, una vez que los efectos calmantes desaparecen. El alcohol también puede perturbar tu sueño, en contra de la idea popular de que es "bueno para dormir". Trata de reducir su consumo y, si prefieres tomar un trago, opta por una pequeña copa de chianti, merlot o cabernet sauvignon. Los productos químicos vegetales llamados procianidinas, que son abundantes en estos vinos en particular, son beneficiosos para la salud cardiovascular. Estos vinos también son ricos en melatonina, la hormona del sueño, así que puedes tomar una copa para descansar mejor. Una persona descansada se siente mucho más segura.

TU CORAZÓN SABE. ESCUCHA TU CORAZÓN.

EJERCITA TU CAMINO HACIA LA CONFIANZA

El ejercicio es una herramienta importante para generar confianza. Además de tonificar los músculos, practicarlo regularmente ayuda a reducir el estrés y a que sientas más comodidad en tu propia piel. Ya sea que te unas a un gimnasio o camines en un parque, mover tu cuerpo te dará una sensación de bienestar y una imagen corporal más positiva.

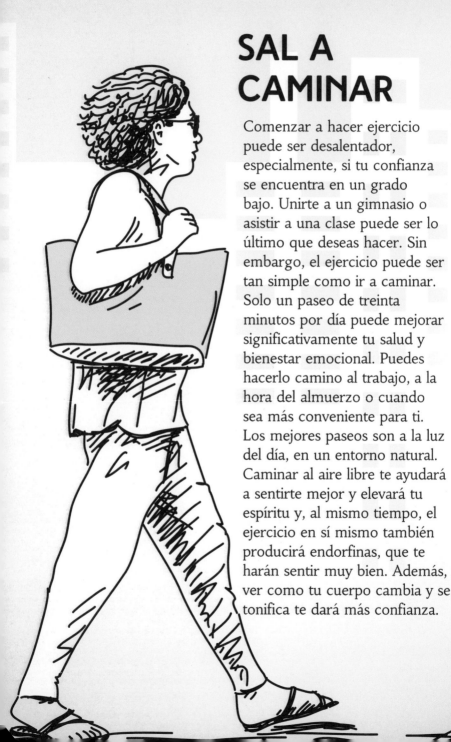

SAL A CAMINAR

Comenzar a hacer ejercicio puede ser desalentador, especialmente, si tu confianza se encuentra en un grado bajo. Unirte a un gimnasio o asistir a una clase puede ser lo último que deseas hacer. Sin embargo, el ejercicio puede ser tan simple como ir a caminar. Solo un paseo de treinta minutos por día puede mejorar significativamente tu salud y bienestar emocional. Puedes hacerlo camino al trabajo, a la hora del almuerzo o cuando sea más conveniente para ti. Los mejores paseos son a la luz del día, en un entorno natural. Caminar al aire libre te ayudará a sentirte mejor y elevará tu espíritu y, al mismo tiempo, el ejercicio en sí mismo también producirá endorfinas, que te harán sentir muy bien. Además, ver como tu cuerpo cambia y se tonifica te dará más confianza.

NADA HACIA TU CONFIANZA

Nadar es una de las formas más efectivas de hacer ejercicio. Le da un entrenamiento completo a todo tu cuerpo y, a su vez, permite que te relajes y que descanses. El sonido rítmico del agua con cada golpe, y el enfoque en tu técnica y respiración, realmente, hacen que esta sea una gran manera de alejar tu mente de las preocupaciones y te permitirá disfrutar de un tiempo de calidad. Este momento a solas puede brindarte la oportunidad de reflexionar sobre los cambios positivos que estás haciendo. Agrega a eso el hecho de que flotar en el agua es una experiencia maravillosamente relajante. Puedes lograr todo esto con un simple viaje a la piscina. Ya tienes una receta perfecta para relajarte y también para aumentar tu confianza.

LA INACCIÓN GENERA LA DUDA Y EL MIEDO.

La acción genera confianza y coraje.

Dale Carnegie

¿EL PASTEL NO ESTÁ PERFECTO?

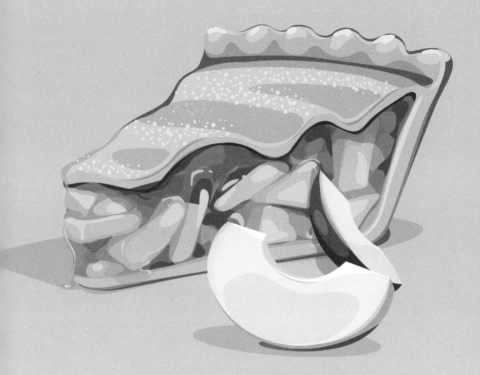

CÓRTALO EN PORCIONES. MANTÉN EL CONTROL Y NUNCA ENTRES EN PÁNICO.

Martha Stewart

APRENDE
JARDINERÍA

Además de ser una excelente forma de
quemar calorías, estar en el jardín es una
manera de hacer "ejercicio verde", es decir,
actividades que se llevan a cabo en la naturaleza.
La jardinería puede mejorar tu estado de ánimo,
aliviar la tensión muscular y disminuir la presión
arterial. Sentirte cerca de la naturaleza puede darte
el impulso que necesitas para mantener la calma
cuando estás bajo presión. Podar, arrancar las
hierbas perjudiciales, plantar y ver crecer tus plantas
te brindarán algo positivo para esperar y luego sentir
orgullo, y esto aumentará tus niveles de confianza.

Cambia el

"no PUEDO"

por el

"YO PUEDO"

YOGA PARA LA FUERZA INTERNA Y EXTERNA

La antigua práctica del yoga no se usa solo para concentrar tu mente en los movimientos de tu cuerpo, sino que también apunta a lograr el equilibrio de tu estado de ánimo. Practícalo a tu propio ritmo y otórgate el tiempo para entender realmente lo que tu cuerpo puede hacer. El efecto calmante que tiene sobre la mente y los efectos físicos, como la tonificación y el fortalecimiento del cuerpo, pueden ayudarte a aumentar tus niveles de satisfacción. Generalmente, las clases terminan con el sueño yóguico, o la meditación guiada, que te renovará, te hará sentir más feliz y en contacto con tu interior. Si prefieres no asistir a una clase, puedes practicarlo en tu casa con la ayuda de libros, DVD o videos de internet.

Nunca te disculpes por ser tal como eres.

COMO ES NUESTRA CONFIANZA, ASÍ ES NUESTRA CAPACIDAD.

William Hazlitt

EJERCICIO "VERDE" PARA UN IMPULSO NATURAL

El ejercicio "verde" es cualquier actividad física que practiques en el exterior, en un entorno natural. Disfruta de lo maravilloso que es pasar más tiempo en tu jardín, en un parque o en el bosque. Estar en un entorno natural puede darte una sensación real de tranquilidad. Hacer ejercicio al aire libre, ya sea en la costa, en el campo o, incluso, en tu jardín, puede mejorar tu estado de ánimo, aliviar la tensión muscular y disminuir la presión arterial. Estar cerca de la naturaleza puede darte el impulso que necesitas para mantener la calma cuando estás bajo presión y para sentir equilibrio y satisfacción.

BAILA PARA ESTAR
FELIZ Y EN FORMA

Bailar es, para muchas personas, una de las maneras más divertidas de ponerse en forma y, junto con la liberación de endorfinas, que estimulan el estado de ánimo, es un gran cóctel de positividad. Puede ser tan simple como poner tu música favorita en casa y bailar en tu sala de estar o habitación, o tomar clases de baile. Puedes probar una clase de salsa, baile de salón o ritmos latinos. Estos son algunos de los bailes más divertidos, que te permitirán ponerte en forma y conocer gente nueva. Las clases de fusión de fitness, como zumba, son cada vez más populares. Elige un estilo que te guste y, sobre todo, disfrútalo.

CUANDO TODO PARECE SER UNA DURA LUCHA CUESTA ARRIBA,

PIENSA EN LA VISTA
DESDE LA CIMA.

GANAMOS FUERZA, VALOR Y CONFIANZA POR CADA EXPERIENCIA EN LA QUE NOS DETENEMOS A MIRAR AL MIEDO A LA CARA.

Eleanor Roosevelt

Relájate

A veces, la vida diaria puede parecer una interminable lista de tareas pendientes y agotadoras. Si tus niveles de estrés aumentan y sientes cansancio, los siguientes consejos pueden ayudarte a que te relajes. Reducir tu ansiedad te ayudará a sentir más confianza y control.

Escribe tus preocupaciones

Todos tenemos alguna preocupación en ciertos momentos de la vida. Tanto la familia y la salud como la carrera profesional y las finanzas pueden ser fuentes de ansiedad. No poder "desconectarnos" de ellas y seguir preocupándonos por varias cosas a la vez puede hacernos sentir fuera de control y, por lo tanto, debilitar nuestra confianza. Si escribes tus preocupaciones en un papel, las estarás sacando de tu interior. Esto te ayudará a pensar más claramente y te permitirá relajarte con más facilidad. Algunas personas agregan un paso más: si destruyes el papel en el que anotaste tus preocupaciones, ya sea rompiéndolo o arrojándolo al fuego, por ejemplo, podrás ver como se van de tu mente al papel y luego toman distancia de ti.

Permanece
en calma,
con
serenidad,
siempre bajo
control.

Entonces descubrirás
lo fácil que es

dejarte
llevar.

Paramahansa Yogananda

LAS INSEGURIDADES SON RUIDOSAS.

LA CONFIANZA ES SILENCIOSA.

Orden fácil

Tener demasiadas cosas sucediendo a la vez a tu alrededor puede ser una causa importante de estrés. Puede debilitar tu confianza, especialmente, si sientes que no puedes llevar a cabo todas las tareas que tienes pendientes. Un ejemplo clave de esto es el desorden. Tener demasiadas cosas a tu alrededor puede causar estrés, porque siempre hay algo en qué pensar, algo para guardar, algo para limpiar, etc. Esto también es más difícil si tienes muchos objetos para mover y limpiar por debajo o alrededor. Además, este exceso de cosas puede dificultar la concentración en las tareas para realizar, ya que provoca distracciones. Ordena, tira los objetos viejos que ya no son de utilidad, dona aquellos que aún les puedan servir a otros o véndelos en sitios web. Alguna de estas opciones será un gran primer paso para simplificar tu vida. Sentirás menos estrés y que tienes control y confianza en tu capacidad para cuidar de ti y de tu hogar.

Habla con tus amigos o familiares

Si crees que las tensiones y las preocupaciones están afectando tu confianza, hablar con alguien cercano a ti puede ser de gran ayuda. Verbalizar nuestras preocupaciones y escuchar la opinión y el consejo de alguien en quien confiamos puede aliviar la ansiedad y hacernos ver que no estamos solos. Si no tienes a alguien en quien confiar, un consejero espiritual puede brindarte el oído comprensivo que buscas. El simple acto de levantar el teléfono para hablar con alguien te dará fuerzas y demuestra que puedes ser una persona segura y abierta.

Evita el estrés "contagioso" de tus colegas

Cuando estás con personas que se sienten estresadas, puedes absorber inconscientemente sus sentimientos de negatividad. Para evitar esto, si hay compañeros hablando de problemas laborales o personales, trata de decirles algo positivo sobre el tema u ofréceles algún consejo. Si continúan, es mejor salir de la situación y, tal vez, ir a buscar algo para beber. Si no puedes alejarte, asegúrate de mantenerte optimista y trata de no adoptar la mentalidad negativa de esa persona. Se necesita fe para desafiar la negatividad de los demás, así como para reducir el estrés. Puedes aumentar tu confianza al mostrarte que eres capaz de asumir este desafío.

Controla
tus
gastos

Las preocupaciones financieras son uno de los principales desencadenantes de estrés en la actualidad, con más personas endeudadas y/o sin trabajo. Tomar el control de tus finanzas te dará un gran impulso de confianza. Ayuda a reducir el estrés que afecta tu seguridad y muestra que puedes enfrentar una situación desagradable y mejorarla.

Afortunadamente, hay algunas maneras simples de reducir el gasto innecesario. Cancela los débitos automáticos por servicios que no desees o que no necesites. Por ejemplo: ¿tienes una suscripción al club cinematográfico que apenas usas?, suspéndela.

Luego, mira tus cuentas para pagar. Asegúrate de cancelar primero las deudas con las tasas más altas para ahorrar dinero en intereses. Si tienes una deuda alta con una tarjeta de crédito, ahora podría ser el momento de tomar medidas drásticas. Corta tu tarjeta para no generar más deuda y dedícate a pagar lo que debes. Finalmente, es importante que, cuando gastes tu dinero, trates de usarlo en aquello que sea significativo para ti y te haga sentir más feliz. Por ejemplo: ¿tu noche semanal con amigos está al principio de tu lista?, si es así, asegúrate de destinar dinero para ello.

Un hombre sabio toma sus propias decisiones; un hombre ignorante sigue la opinión pública.

Proverbio chino

NO HAY NADIE QUE PUEDA DECIRTE QUIÉN SER...

excepto tú.

TERAPIAS ALTERNATIVAS

Las terapias complementarias son una excelente manera de brindarte un tiempo exclusivo para ti y ayudarte a relajar. Hay una amplia gama de terapias para elegir. Cada una de ellas te renovará física y mentalmente, y te preparará para enfrentar el mundo de nuevo.

La vida no es fácil para ninguno de nosotros. Pero ¡qué importa! Hay que perseverar y, sobre todo, tener confianza en nosotros mismos. Hay que sentir que estamos dotados para lograr algo y ese algo hay que alcanzarlo.

Marie Curie

Siéntete mejor con acupresión

La acupresión, similar a la acupuntura, pero sin el uso de agujas, pertenece a la medicina tradicional china y se ha practicado durante muchos siglos. Esta suave terapia consiste en aplicar presión en ciertos puntos del cuerpo para promover el libre flujo de energía o *qi*. Se sabe que la acupresión ayuda a aliviar la tensión muscular y estimula la circulación, lo que te hará sentir en calma. Puedes acudir a un profesional o usar técnicas sencillas en tu hogar. Hay muchos libros disponibles sobre el tema y, también, puedes encontrar tutoriales en internet.

TIENES QUE TENER CONFIANZA EN TU CAPACIDAD

Y LUEGO SER LO SUFICIENTEMENTE FUERTE PARA AVANZAR.

Rosalynn Carter

DESBLOQUEA TU ENERGÍA

Las técnicas de liberación emocional usan el *tapping* para liberar la energía bloqueada y mejorar la salud y el bienestar. Al igual que la acupuntura y la acupresión, las técnicas se basan en la idea de *qi* o energía, que se mueve en el cuerpo a través de "meridianos". Algún bloqueo en estos meridianos puede causar enfermedades y problemas emocionales. Con el *tapping*, te concentras en la emoción o pensamiento negativo que te está bloqueando, mientras le das golpecitos suaves al punto del cuerpo relevante. Luego repites lo mismo, solo que, esta vez, usas una afirmación positiva para reemplazar el pensamiento negativo. Puedes probarlo fácilmente en casa, con tutoriales e ilustraciones disponibles en internet.

No te tomes todo demasiado en serio.

Si amas

lo que haces,
puedes lograr
lo que te

propongas.

Mantén la cabeza en alto y el corazón abierto.

REFLEXOLOGÍA PARA EL EQUILIBRIO Y LA CALMA

La reflexología es similar a la acupresión. Se basa en la estimulación de ciertos puntos para ayudar a liberar el flujo de energía a través del cuerpo. Estos puntos se encuentran en los pies, las manos y la cara. Habitualmente, se trabaja con los pies, ya que son más sensibles y se cree que tienen puntos que reflejan cada parte del cuerpo. La estimulación de estos puntos tiene como objetivo liberar bloqueos de energía en la parte del cuerpo relacionada, facilitar su libre flujo y ayudar a reducir la enfermedad. La relajación por sí sola puede ayudar a disminuir el estrés y a que te sientas en armonía. Para tu comodidad, si decides probar esto por tu cuenta, puede ser más fácil que lo practiques en las manos. Aunque todos podemos practicar esta técnica, es más beneficioso visitar a un reflexólogo entrenado para el tratamiento. Busca un centro de salud natural cercano a tu casa para obtener más información.

La salud
ES LA MAYOR
posesión.

La alegría
ES EL MAYOR
tesoro.

La confianza
ES LA MEJOR
amiga.

Lao Tse

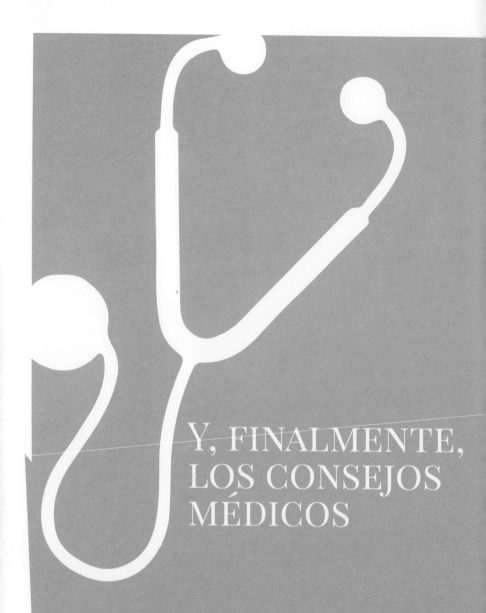

Y, FINALMENTE, LOS CONSEJOS MÉDICOS

Si tus problemas de confianza están teniendo un efecto negativo en tu vida cotidiana, vale la pena hablar con tu médico acerca de ello. Aunque las terapias complementarias pueden ayudarte mucho, algunas situaciones necesitan asistencia médica y, a veces, la falta de confianza es una señal de problemas más serios. Es posible que tu médico te recomiende una terapia de conversación, como la terapia cognitivo-conductual (TCC), o medicación que pueda ayudarte. Recuerda que el médico está ahí para auxiliarte, no para juzgarte; dile todo lo que te está afectando y, de esa manera, él será capaz de darte el mejor asesoramiento posible.

¡ESPERAMOS QUE DISFRUTES EL VIAJE HACIA LA CONFIANZA!

Créditos de imágenes:

¡TU OPINIÓN ES IMPORTANTE!

ESCRÍBENOS UN E-MAIL

CON TUS COMENTARIOS Y SUGERENCIAS A

MIOPINION@VREDITORAS.COM

CON EL TÍTULO DE ESTE LIBRO EN EL "ASUNTO".

CONÓCENOS MEJOR EN

WWW.VREDITORAS.COM

f FACEBOOK.COM/VREDITORAS